जूली : एक वफादार दोस्त की अंतिम कहानी

इंग्लिश

मेरी यह पुस्तक मेरे माता-पिता एवं उन गुरुजनों को समर्पित है, जिन्होंने वास्तव में ईमानदारी के साथ मुझे प्रेरित किया और मेरा साथ दिया।

English Translation:-

This book of mine is dedicated to my parents and teachers who really inspired and supported me with honesty.

क्रम-सूची

आभार

यह पुस्तक उन सभी लोगों को समर्पित है। जिन लोगों ने आज तक मेरी सहायता की है। विशेष तौर पर मेरे माता-पिता एवं मेरे गुरुजनों को यह पुस्तक समर्पित है। क्योंकि उन लोगों की वजह से ही मैंने इस संसार में आकर अपने आप को पहचाना एवं अपने उस कार्य को कर रही हूं, जिस कार्य के लिए ईश्वर ने मेरा चयन किया था। शायद में बहुत जल्द ही अपने उस मुकाम को पा लूंगी जिसके लिए मैं प्रयासरत हूं।

English Translation:-

This book is dedicated to all those people. People who have helped me till date. This book is specially dedicated to my parents and my teachers. Because it is because of those people that I came to this world and recognized myself and I am doing that work for which God had chosen me. Perhaps very soon I will be able to achieve the position for which I am striving.

लेखक परिचय

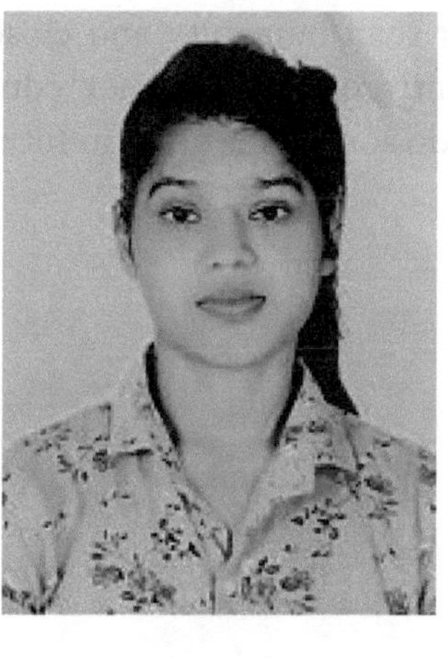

चित्र:- इंग्लिश

कहते हैं, कि अंग्रेज चले गए लेकिन अंग्रेजी कभी नहीं गई। ठीक इसी प्रकार इस पुस्तक के लेखक का नाम भी इंग्लिश है। इंग्लिश के बचपन के कुछ क्षण उत्तर प्रदेश, पंजाब और हिमाचल प्रदेश में बीते हैं। लेकिन ये मूल रूप से उत्तर प्रदेश के बागपत जनपद की निवासी है। यह पुस्तक इंग्लिश और उसकी प्रिय पालतू पशु जूली के साथ बिताए गए लम्हों का सूक्ष्म ब्यौरा प्रस्तुत करती है। यह कहानी इन दोनों के रिश्ते के माध्यम से मानवीयता से उच्च और दिव्यता के करीब के रिश्ते की व्याख्या करने का एक प्रयास है। इंग्लिश वर्तमान में उच्च शिक्षा प्राप्त कर रही है एवं भविष्य में भी कुछ अच्छा करने का इनका ख्वाब है।

English Translation:-

It is said that the British left but the English never went. Similarly, the name of the author of this book is also English. Some of the childhood moments of English have been spent in Uttar Pradesh, Punjab and Himachal

Pradesh. But she is originally a resident of Baghpat district of Uttar Pradesh. The book offers a nuanced account of the moments spent with English and her favorite pet, Julie. This story is an attempt to explain the relationship between these two higher than humanity and closer to the divine. English is currently pursuing higher education and they have a dream to do something good in future also.

प्रस्तावना

यह पुस्तक एक इंसान और एक जीव के बीच के अंत हीन प्रेम का उदाहरण है। इसके माध्यम से हम एक ईमानदार व्यक्ति एवं एक ईमानदार पशु के बीच के निश्छल एवं मर्मस्पर्शी प्रेम की झलक को देख सकते हैं। इसे पढ़ने के दौरान हमें कभी-कभी महादेवी वर्मा द्वारा रचित गिल्लू की याद भी आ सकती है। क्योंकि शायद लेखिका ने जूली के साथ बिताए गए पलों का विवरण कुछ इस प्रकार किया है, कि मानो उसकी जिंदगी जूली के साथ ही ठहर गई हो। लेकिन विधाता की नियति से कौन बच सकता है? शायद जूली के जाने के बाद भी लेखिका को अपने जीवन के अंतिम ख्वाबों को पूरा करने के लिए आगे बढ़ना होगा और अपने उन तमाम लक्ष्यों को प्राप्त करना होगा, जिनके लिए वह अपने आप को न्योछावर करने के लिए तैयार हो चुकी है।

English Translation:-

This book is an example of the infinite love between a human being and a living being. Through this we can scc a glimpse of the sincere and touching love between an honest man and an honest animal. While reading this, we can sometimes remember Gillu by Mahadevi Varma. Because perhaps the author has described the moments spent with Julie in such a way that her life has come to a standstill with Julie. But who can escape the fate of the Creator? Perhaps even after Julie's departure, the writer will have to move forward to fulfill the ultimate dreams of her life and achieve all her goals for which she is ready to sacrifice herself.

1

जूली: एक वफादार दोस्त की अंतिम कहानी

एक बार की बात है, जब मैं अपने गांव दाहा से लगभग 2 किलोमीटर की दूरी पर गांव के ही एक खेल के मैदान में कबड्डी खेलने के लिए जाया करती थी। वहां पर हमारे गांव के अलावा अन्य गांव से भी कबड्डी की प्रैक्टिस करने के लिए खिलाड़ी आया करते थे। सामान्यत: वहां पर लड़कियां एवं लड़के दोनों ही खेलने आया करते थे। शायद उन लोगों को देखकर मुझे भी खेलने की प्रेरणा मिलती थी। इसलिए मैं भी एक अंतरराष्ट्रीय स्तर की खिलाड़ी का ख्वाब पूरा करने के लिए उन लोगों के साथ वहां पर खेलने जाया करती थी।

English Translation:-

Once upon a time, when I used to go to play Kabaddi in a playground in the village, about 2 km from my village Daha. There, apart from our village, players used to come from other villages to practice Kabaddi. Generally both girls and boys used to come there to play. Maybe seeing those guys inspired me to play too. That's why I also used to go there to play with them to fulfill my dream of being an international level player.

कुतिया की प्रतीकात्मक छवि (स्रोतः इंटर्नेट)

खेल के दौरान ही वहां पर मेरी कुछ लड़कियों से दोस्ती हो गई थी। जिनमें अपूर्वा और निशु के अलावा मधु, पूजा, अंशु, भोली और नाजिस आदि थे। हम सभी लोग साथ में दौड़ लगाया करते थे। कबड्डी भी खेलते थे एवं अपने उज्जवल भविष्य के सपने देखा करते थे। कुछ लड़कियां तो 10 किलोमीटर और कुछ 17 किलोमीटर लंबी दूरी तय करने के पश्चात हमारे गांव के मैदान में खेलने आया करती थी। शायद उन लोगों को खेल के माध्यम से अपना नाम प्रसिद्ध करना था। शायद उनका यह ख्वाब हमेशा ख्वाब ही बना रहा, क्योंकि सच्चाई इतनी कड़वी थी, कि जो आगे बढ़ना चाहते थे, उन्हें रोकने के लिए अनेकों लोग हर संभव प्रयास करते हैं और अंततः गांव की बेचारी मासूम सी लड़कियों को अपने सभी सपनों को समेट कर अपने जीवन के पलो को अपने अंतिम क्षण तक धीरे-धीरे काटना पड़ेगा।

English Translation:-

During the game itself, I became friends with some of the girls there. Apart from Apoorva and Nishu, there were Madhu, Pooja, Anshu, Bholi and Najis etc. We all used to run together. He also used to play Kabaddi and used to dream of his bright future. Some girls used to come to play in our village grounds after covering a long distance of 10 kms and some 17 kms. Perhaps those people had to make their name famous through sports. Perhaps this dream of his always remained a dream, because the truth was so bitter, that many people make every effort to stop those who wanted to move forward, and eventually, the poor innocent girls of the village have to cover all their dreams with their dreams. The moments of life will have to be cut slowly till its last moment.

हम लोगों का खेल इसी प्रकार चलता रहा और लगभग 4 महीने बाद एक बार खेल के दौरान ही ग्राउंड में मुझे एक और नई दोस्त मिली। जिसका नाम मैंने जूली रख दिया। वह मेरी दोस्त बहुत प्यारी थी और उसे हम सामान्य बोलचाल की भाषा में कुत्तिया कह सकते हैं।

English Translation:-

Our game went on like this and after about 4 months, once during the game, I found another new friend in the ground. Whose name I named Julie. She was a very dear friend of mine and we can call her a bitch in common parlance.

जूली मुझे बहुत अच्छी लगती थी और शायद आज के समय इंसानों पर विश्वास कर पाना तो मुश्किल था, लेकिन जूली के साथ मेरा मन लगता था। इसलिए मैं उसकी बहुत ज्यादा फिक्र किया करती थी और अपने घर से उसके लिए खाने के लिए रोटी और बिस्किट भी ले जाती थी। जूली भी धीरे-धीरे मेरे अंतहीन दिव्य प्रेम में डूबने लगी थी। शायद हर रोज उसे प्ले ग्राउंड में मेरे ही आने का इंतजार रहता था और जैसे

ही वह मुझे देखती थी, देखने के बाद इस प्रकार दौड़ती थी, मानो उसके जीवन की सबसे बड़ी मंज़िल उसके पास चलकर आ रही हो।

English Translation:-

I used to like Julie very much and maybe it was difficult to trust humans today, but I felt like with Julie. That's why I used to care for him a lot and also used to take roti and biscuits from my house for him to eat. Julie too was slowly drowning in my endless divine love. Perhaps every day she was waiting for me to come to the play ground and as soon as she saw me, she ran after seeing as if the biggest destination of her life was approaching her.

सामान्यत: मैं दोपहर के 2 बजे से शाम के 7 बजे तक ग्राउंड में खेलने जाती थी। क्योंकि मुझे सुबह कॉलेज में जाना पड़ता था। मेरा कॉलेज चौधरी भोपाल सिंह कॉलेज ऑफ एजुकेशन, दाहा में प्ले ग्राउंड से थोड़ा दूर था। इसलिए मैं रास्ते से गुजरते वक्त जूली को कभी-कभी मिल जाती थी। जिस कारण जूली मेरे पीछे पीछे चलते हुए कॉलेज तक ही चली जाती थी। क्योंकि मेरे प्ले ग्राउंड से मेरे कॉलेज की दूरी लगभग 500 मीटर मात्र थी। मेरे कॉलेज की छुट्टी 1:30 बजे के आसपास हुआ करती थी और सामान्यत: मैं कॉलेज जाने के लिए अपनी प्यारी सी साइकिल का प्रयोग किया करती थी। इसी दौरान जूली मेरी साइकिल के सामने आकर बैठ जाती थी और प्लेग्राउंड तक मुझे जूली के साथ-साथ साइकिल लेकर पैदल ही चलना पड़ता था। जब भी वह मुझे देखती थी, मुझे ऐसा महसूस होता था, जैसे वह मुझे कुछ कहना चाह रही हो। शायद वह कुछ कहना चाहती होगी, जिसे शायद मैं कभी समझ ही नहीं पाई।

English Translation:-

Normally I used to go to the ground to play from 2 in the afternoon to 7 in the evening. Because I had to go to college in the morning. My college was a little far from the play ground in Chaudhary Bhopal Singh College of Education, Daha. That's why I used to meet Julie occasionally while passing by. Because of which Julie used to follow me till college. Because the distance of my college from my play ground was only about 500 meters. My college holiday used to be around 1:30 PM and usually I used to use my lovely bicycle to go to college. During this, Julie used to sit in front of my bicycle and till the playground, I had to walk along with Julie on foot. Every time she looked at me, I felt as if she was trying to tell me something. Maybe she wanted to say something that I could never understand.

दौड़ हम लोगों की प्रैक्टिस का एक अभिन्न हिस्सा था। और हम लोग रविवार के दिन लगभग 14 किलोमीटर की दौड़ लगाते थे। जिसे हम आम बोलचाल में क्रॉस कंट्री कहकर पुकारते थे। हमारी इस 14 किलोमीटर लंबी दौड़ में मेरी जूली भी हमारे साथ साथ दौड़ लगाया करती थी। शुरुआत के वार्म अप से लेकर अंत में दौड़ के समाप्त होने तक जूली एक क्षण भी मुझसे दूर नहीं होती थी। जब कभी में दौड़ते दौड़ते थक जाती थी तब जूली भी मेरे साथ ही रुक जाती थी और जैसे ही मैं दोबारा दौड़ना शुरू करती थी तो वह मेरे साथ साथ दौड़ लगाते हुए मुझसे आगे निकल जाती थी। कभी-कभी थकने के कारण मेरी सांस फूल जाती थी। जिस कारण जूली रास्ते के बीच में बैठकर मेरे आने का इंतजार करती थी और मैं जैसे ही दोबारा दौड़ना शुरू करने के पश्चात उस तक पहुंचती थी, उससे पहले ही वह दौड़ कर मुझसे आगे निकल जाती थी। शायद मानो वह मुझे यह प्रेरणा देना चाह रही हो कि आप मुझे पकड़ कर दिखाओ ताकि मैं जल्द से जल्द अपने टारगेट को पूरा करके सफलता को प्राप्त कर सकूं। उसके और मेरे बीच का निश्छल प्रेम मेरे अन्य दोस्तों को काफी प्रभावित और अचंभित करता था। मैं शायद आज तक यह नहीं समझ पाई कि इस प्रेम की परिभाषा क्या थी?

English Translation:-

Running was an integral part of our practice and we used to run around 14 kms on Sundays. Which we used to call in common parlance as cross country. In this 14 kilometer long run of ours, my Julie also used to run with us. From the start of the warm-up to the end of the race,

Julie was never away from me for a moment. Whenever I got tired of running, Julie also stopped with me and as soon as I started running again, she used to run with me and overtake me. Sometimes I used to get short of breath due to being tired. Because of which Julie used to sit in the middle of the road waiting for me to come and as soon as I reached her after I started running again, she used to run ahead of me before that. Maybe as if she is trying to inspire me that you hold me and show me so that I can achieve success by completing my target as soon as possible. The unconditional love between him and me greatly impressed and astonished my other friends. I probably did not understand till today what was the definition of this love?

धीरे-धीरे हम लोगों के बीच प्रेम इतना बढ़ चुका था, कि अब मेरी जूली मेरे बिना रहना ही नहीं चाहती थी और कभी-कभी वह मेरा पीछा करते हुए मेरे घर तक भी आने लगी थी। क्योंकि शायद उसे मेरा साथ इतना प्यारा लगने लगा था, कि वह अपना सब कुछ भूलना चाहती थी। मेरे पीछे आने की कवायद में उसे रास्ते में बहुत से कुत्तों से लड़ना भी पढ़ता था और कभी-कभी तो वह जख्मी भी हो गई थी। लेकिन बावजूद इसके उसने मेरे पीछे आ कर मेरे घर तक की यात्रा को पूरा किया। अक्सर मेरे भाई मुझसे कहा करते थे, कि देखो इंग्लिश तुम्हारी जूली आ गई। जाओ इसके लिए कुछ नाश्ता तैयार कर दो। मैं भी बड़ी खुशी के साथ उसके लिए कुछ खाने पीने की व्यवस्था किया करती थी। अक्सर मैं रोटी और बिस्किट के अलावा उसको कुछ भी नहीं दिया करती थी। क्योंकि मध्यम वर्ग के लोगों के घर में यही खाने के लिए होता है और यही देने के लिए। मेरे भाई भी उस से प्रेम करने लगे थे और जूली इसी प्रकार धीरे-धीरे मेरे घर में रहने लगी थी। मैं जिधर भी जाती थी, वह मेरे पीछे ही रहती थी और आश्चर्य की बात तो यह है, कि वह हमारे घर में अन्य कुत्तों को भी घुसने नहीं देती थी।

English Translation:-

Gradually the love between us had grown so much that now my Julie did not want to live without me and sometimes she started following me to my house too. Because maybe she started liking my company so much, that she wanted to forget everything. In an effort to follow me, she used to fight with many dogs along the way and at times she even got injured. But despite this he followed me and completed the journey till my home. Often my brothers used to tell me, 'Look English your Julie has come. Go prepare some breakfast for this. I also used to arrange some food and drink for him with great pleasure. Often I would not give him anything except roti and biscuits. Because in the house of the middle class people this is what it is to eat and this is to give. My brothers also fell in love with her and Julie gradually started living in my house like this. Wherever I went, she followed me and surprisingly, she did not even allow other dogs to enter our house.

मेरी मां कभी कभी मुझ पर गुस्सा किया करती थी और जूली को वापस प्ले ग्राउंड पर छोड़ने के लिए बोलती थी। शायद मां को इस बात का डर था, कि इस नन्ही सी जान को हम अन्य कुत्तों से कैसे सुरक्षित रख पाएंगे और इसकी देखभाल कैसे हो पाएगी? इसके खाने पीने की व्यवस्था कैसे हो पाएगी? अपनी मां की बातों को मानकर मैंने कई बार जूली को प्ले ग्राउंड में छोड़ने का प्रयास किया, लेकिन वह अक्सर भागती हुई मेरे पीछे कर तक आ जाया करती थी। लेकिन जब मैं डांट कर उसको बोलती थी, कि अगर तुम मेरे पीछे आई तो मैं तुमसे बात नहीं करूंगी, तो वह एक इंसान की भांति चुप होकर वहीं बैठ जाती थी और फिर मेरे पीछे भी नहीं आती थी। शायद हम दोनों के बीच एक ऐसा रिश्ता था, जो कोई दार्शनिक अथवा आध्यात्मिक व्यक्ति ही बयां कर सकता है।

English Translation:-

My mother used to get angry with me sometimes and ask Julie to drop her back on the play ground. Perhaps the mother was afraid that how would we be able to keep this little life safe from other dogs and how would we be able to take care of it? How will the arrangement for its food and drink be made? Following my mother's words, I tried to drop Julie many times in the play ground, but she would often run after me and come after me. But when I used to scold her that if you come after me, I will not talk to you, she used to sit there silently like a human and then would not even follow me. Perhaps there was a relationship between the two of us, which only a philosopher or a spiritual person can describe.

खेल के मैदान में कबड्डी खेलते वक्त हम लोग प्रेक्टिस किया करते थे और प्रैक्टिस करने के दौरान ही जूली भी मेरे आस पास आ जाया करती थी। जैसे हम उछल कूद करते थे वह भी हमारे साथ उछलती और कूदती थी। जब हम रस्सी के ऊपर कूदते थे, तो वह भी मेरे पीछे आकर उसके ऊपर को कूदने का प्रयास किया करती थी। शायद वह भी हम लोगों के साथ कबड्डी खेलना चाहती थी। लेकिन उसका यह खेल मेरे अलावा किसी और को अच्छा कैसे लग सकता था? क्योंकि निश्चल प्रेम की परिभाषा सभी लोगों को पता हो ऐसा आवश्यक तो नहीं। इसलिए जूली और मेरे प्रेम के कारण हमारे खेल में अन्य लोगों को काफी परेशानी होती थी। जिस कारण हमारे कोच मुझे काफी डांट लगाते थे। कई बार मुझे जूली का पक्ष लेने के कारण कोच के द्‌वारा पनिशमेंट दी गई और मुझे खेल से बाहर निकाल कर बाहर बैठने के लिए मजबूर कर दिया गया। लेकिन मैं अपनी जूली से प्रेम करने के लिए उस सारी पनिशमेंट को भी हंस के सह लेती थी। शायद उस खेल से भी जरूरी उस वक्त मेरे लिए मेरी जूली थी।

English Translation:-

We used to practice while playing Kabaddi in the playground and Julie also used to come near me during practice. As we jumped and jumped, she also jumped and jumped with us. When we used to jump over the rope, she also used to come after me and try to jump over it. Maybe she also wanted to play kabaddi with us. But how could this game of his be liked by anyone other than me? Because it is not necessary that everyone knows the definition of unconditional love. So because of the love of Julie and me, other people in our game used to get into a lot of trouble. Because of which our coach used to scold me a lot. Several times I was punished by the coach for favoring Julie and I was forced to sit out and kicked out of the game. But I used to laugh all that punishment for loving my Julie. Perhaps even more important than that game was my Julie for me at that time.

हमारे गांव से कुछ दूरी पर भड़ल गांव है। जहां तक हम लोग रेस किया करते थे। लगभग 1600 मीटर की दौड़ में मैं अपनी मित्र मनु के साथ पूरा किया करती थी। इसी दौरान बीच रास्ते में कभी-कभी जूली आ जाती थी और मेरे साथ वह दौड़ने लगती थी और अक्सर मेरा चेहरा इस प्रकार चूमने लगी थी, कि जैसे कई दिनों बाद वह मुझसे मिली हो। उसके द्वारा मुझे प्रेम करना यह एहसास दिलाता था, जैसे वह मुझसे कई सालों बाद मिल रही हो। वह बोल तो नहीं सकती थी, लेकिन उसके शरीर के हावभाव से मैं यह पहचान जाती थी, कि वह मुझे कुछ कहना चाहती है और शायद वह जो कहना चाहती थी, उसे समझने के लिए मुझे इस संसार के तमाम बंधनों को तोड़कर अपने अंदर ईश्वर के उस तत्व की स्थापना करने की आवश्यकता थी। जो दिव्य कार्य सर्वथा मुश्किल लेकिन ना मुमकिन नहीं था। भड़ल गांव में एक टंकी है, जहां तक हम लोग रेस किया करते थे। वह भी हमारे साथ ही दौड़ती रहती थी। शायद वह पहचान चुकी थी, कि मैं प्रतिदिन सुबह हूं, इसलिए अक्सर वह सुबह रास्ते पर बैठकर मेरा इंतजार करती थी और जैसे ही मैं उसको नजर आती थी, वैसे ही वह दूर से पूछ हिलाते हुए मेरी ओर दौड़ती थी। कभी-कभी उसे देख कर मुझे लगता था कि वह भी कबड्डी की अंतरराष्ट्रीय प्लेयर बनना चाहती हो। अथवा उसेन बोल्ट के रिकॉर्ड को तोड़ना चाहती हो। कभी कभी मुझे एहसास हुआ करता था, कि जैसे वह अपने बच्चे की

तरह मुझे चाहती हो और मेरी सुरक्षा करने के लिए हमेशा मेरे आस-पास घूमती रहती थी।

English Translation:-

Bhadal village is at some distance from our village. As far as we used to race. I used to complete about 1600 meters with my friend Manu. During this time, Julie would sometimes come midway and run with me and often kiss my face as if she had met me after several days. Loving me through her made me feel as if she was meeting me after many years. She could not speak, but by the gesture of her body I knew that she wanted to say something to me and perhaps to understand what she wanted to say, I had to break all the shackles of this world and find God within myself. That element needed to be established. Which divine task was completely difficult but not possible. There is a tank in Bhadal village, where we used to race. She also used to run with us. Perhaps she had recognized that I was in the morning every day, so she would often sit on the road waiting for me in the morning and as soon as I saw her, she would run towards me, waving from afar. Sometimes seeing her, I used to think that she also wants to become an international player of Kabaddi. Or want to break Usain Bolt's record. Sometimes I used to feel that she wanted me like her own child and was always around me to protect me.

मैं प्रतिदिन अपने घर से जूली के लिए रोटी और बिस्किट ले जाया करती थी और वह बड़े मजे के साथ खाती थी। लेकिन मुझे देखकर कुछ अन्य लोगों ने भी अपने साथ घर से बिस्किट और रोटी लाकर उसको देने का प्रयास किया। लेकिन पता नहीं क्यों जूली ने किसी भी अन्य व्यक्ति के द्वारा दिए गए भोजन को स्वीकार नहीं किया। शायद वह भी दुनिया में धोखेबाजी की परिभाषा को पहचान चुकी होगी अथवा निश्छल प्रेम को पहचान चुकी होगी। उसका दिव्य समर्पण काबिले तारीफ था। क्योंकि वह मेरे द्वारा दिए गए भोजन के अलावा किसी और से भोजन ग्रहण

नहीं किया करती थी। शायद मुझसे पीछे अगर उसने भोजन किया भी हो तो मैं नहीं जानती। कभी-कभी मैं उसको अपनी गोद में उठा लेती थी। इससे उसको काफी अच्छा लगता था। कभी कभी वह मेरे पैर पर अपने पैर रखती थी। अपने दोनों आगे के पैरों को उठा कर मेरे ऊपर चढ़ने का प्रयास करती थी। शायद मुझे देखकर उसे काफी खुशी मिलती होगी।

English Translation:-

I used to take roti and biscuits for Julie from my house every day and she ate it with great pleasure. But seeing me, some other people also brought biscuits and roti with them from home and tried to give it to him. But don't know why Julie didn't accept the food given by any other person. Perhaps she too must have recognized the definition of deceit in the world or unrequited love. His divine dedication was commendable. Because she did not take food from anyone other than the one given by me. I don't know if he might have dined behind me. Sometimes I used to carry him in my lap. He liked it very much. Sometimes she would keep her feet on my feet. She tried to climb on top of me by raising both her front legs. Maybe he would have been very happy to see me.

बचपन से अधिकांशतः अक्सर मैंने अपने आप को अकेला ही पाया था। इसलिए मुझे एक ऐसे दोस्त की जरूरत थी, जो मेरे साथ हंस सके, खेल सके, बोल सके और इसी कमी को जूली ने पूरा किया और मेरे जीवन के गंभीर अन्धकार को पल भर में दूर कर दिया। शायद जूली ने मुझ जैसे एक सामान्य से पत्थर को अपने लिए एक कोहिनूर समझ लिया होगा।

English Translation:-

Most of the times since childhood I found myself alone. That's why I needed a friend who could laugh, play, talk with me, and Julie filled this gap and removed the grave darkness of my life in an instant. Perhaps Julie must have mistook an ordinary stone like me as a Kohinoor for herself.

घर पर सभी लोग मुझसे काफी प्रेम किया करते थे। इस कारण शायद मैं भी थोड़ी आलसी हो गई थी। मैं खाना बनाने में रुचि नहीं रखती थी। लेकिन जब कभी मुझे घर पर रोटी ना मिले तो मुझे जूली की चिंता हुआ करती थी और मैंने उसके लिए रोटी बनाने के कारण खाना बनाना भी सीख लिया था। कहते हैं ना कि जब जागो तभी सवेरा। शायद जूली मेरे जीवन में इसलिए भी आई थी, ताकि वह मुझे खाना बनाना सीखा सके।

English Translation:-

Everyone at home loved me very much. That's why I might have become a little lazy. I was not interested in cooking. But whenever I did not get roti at home, I used to worry about Julie and I also learned to cook because of making roti for her. It is said that when you wake up it is morning. Perhaps Julie came into my life so that she could teach me how to cook.

अन्य लोगों की भांति नीशू और पूजा जो कि मेरे अच्छे मित्र थे, ने मेरी जूली की बहुत केयर किया करते थे और उसके लिए बिस्किट घर से लाया करते थे। जैसे ही वे इसको बिस्किट डालते थे, तो जूली उन्हें नहीं खाती थी और चुपचाप बैठी रहती थी। जब तक कि मैं ना जाऊं तब तक। मेरे आते ही मेरे कहने पर वह उनको खा लेती थी। इसी दौरान कभी कभी नीशू मुझसे कहा करती थी, कि "तूने इस जूली पर क्या जादू टोना कर दिया है? हम लोग भी इससे प्यार करते हैं, लेकिन उसके बावजूद भी हमारे द्वारा दी गई कोई भी चीज यह क्यों नहीं खाती है?" मैं निशु के प्यारे से सवाल का जवाब मुस्कुरा कर दिया करती थी। मैं कहा करती थी कि "जूली मुझसे प्रेम करती है और मैं भी जूली से प्रेम करती हूं। यह प्रेम ही है, जो जूली के और मेरे रिश्ते को दूसरों से अलग करता है। तुम भी जूली को अपने से अलग मत समझो। जब तुम जूली की और जूली तुम्हारी हो जाएगी तो शायद तुम दोनों के बीच की वह हर दूरी समाप्त हो

जाएगी जो तुम्हें आज प्रतीत होती है और शायद उस वक्त जूली तुम्हारी मुझसे भी पक्की मित्र बन जाए। लेकिन क्या तुम ऐसा कर पाओगे?" तो निशु कभी-कभी खीजकर मुझे कहा करती थी, कि यह सब हमारे बस का बात नहीं है। हम तो कबड्डी के खिलाडी है। कबड्डी के अलावा हमारे जीवन में कुछ नहीं है। हमें जो कुछ करना है, कबड्डी में ही करना है। यह सब काम तुम्हारे लिए ही ठीक है। इन सब को तुम ही मैनेज कर लो। ऐसा कह कर वह खेलने चली जाती थी और मैं भी जूली से कुछ देर प्रेम करने के बाद अपनी प्रेक्टिस करने के लिए उनके साथ खेलने के लिए प्ले ग्राउंड पर आ जाती थी।

English Translation:-

Like others, Neeshu and Pooja who were my good friends used to take great care of my Julie and used to bring biscuits for her from home. As soon as they put biscuits on it, Julie did not eat them and sat silently. Until I leave. As soon as I came, she used to eat them at my behest. During this time, sometimes Nishu used to tell me, "What witchcraft have you put on this Julie? We love it too, but why doesn't it eat anything given to us in spite of that?" I used to smile at Nishu's lovely question. I used to say that "Julie loves me and I love Julie. It is love that separates Julie's and my relationship from others. Don't consider Julie separate from you. Julie's and Julie's will be yours, then maybe all the distance between you will end that you feel today and maybe at that time Julie will become your best friend with me too. But will you be able to do that?" So Nishu used to tell me sometimes annoyed, that all this is not our thing. We are kabaddi players. There is nothing in our life other than Kabaddi. Whatever we have to do, we have to do in Kabaddi. It's all right for you. You manage all this yourself. Saying this she used to go to play and I also used to fall in love with Julie for sometime and used to come to play ground to play with her to do my practice.

एक कहावत में कहा गया है, कि अति हर चीज की बुरी है। शायद यहां पर मेरे और जूली के बीच प्रगाढ़ प्रेम की अति की आलोचना मुझे करनी ही पड़ेगी। क्योंकि जूली मुझसे इतना प्रेम करने लगी थी, कि वह हमेशा मेरे पीछे चला करती थी। जब कभी मैं अपने गांव के मार्केट से अपनी भैंस के लिए साइकिल पर खल और चोकर लेकर आया करती थी। तब भी जूली मेरे पीछे वहां तक जाती थी। इस कारण बीच में उसे अनेक कुत्तों से लड़ना और झगड़ना पढ़ता था। कभी-कभी तो वह जख्मी भी हो जाया करती थी। जिस कारण मुझे काफी दुख होता था और मैं मायूस हो जाया करती थी। मेरे दुख और मायूसी को मेरी मां भी सहन नहीं कर पाती थी और जूली के जख्मों को देखकर वह परेशान हो जाती थी। उसने कई बार मुझे डांटा और प्यार से समझाया भी कि तुम इसको वहीं पर छोड़ कर आओ जहां से तुम इसे लाए थे। क्योंकि यहां पर पड़ोस के कुछ लोग बिल्लियों और कुत्तों को जहर देकर मार रहे हैं। शायद कुछ धार्मिक लोगों ने उन्हें जादू टोना और टोटका करने की सलाह दी थी। जिस कारण उनके घर में बरकत आने की उनको संभावना थी। इस कारण वे जहर देकर कुत्ते और बिल्लियों को मारने का कार्य किया करते थे। शायद मां मेरी उदासी को नहीं देख सकती थी। इसलिए उन्होंने मुझे जूली को घर से बाहर दूर ले जाने का आदेश दिया। वैसे भी हमारे पड़ोस में 2 या 3 कुत्तों एवं 2 या 3 बिल्लियों की मौत जहर देकर हो चुकी थी और मेरी मां को जुली के लिए डर भी यही रहता था। इसलिए मैंने जूली को उसी प्ले ग्राउंड पर वापस छोड़ने का निश्चय किया जहां से वह मेरे पीछे पीछे आ गई थी।

English Translation:-

It is said in a proverb, that excess of everything is bad. Maybe here I have to criticize the extreme of the intense love between me and Julie. Because Julie was so in love with me that she always followed me. Whenever I used to bring khal and bran on cycle for my buffalo from the market of my village. Even then Julie used to follow me there. Because of this, in between he used to read and fight with many dogs. Sometimes she would even get injured. Because of which I used to feel very sad and I used to get depressed. Even my mother could not bear my sadness and despair and she used to get upset seeing Julie's wounds. He scolded me many times and also explained lovingly that you leave it where you brought it from. Because here some people from the neighborhood are killing cats and dogs by poisoning them. Perhaps some religious people advised him to practice witchcraft and sorcery. Due to which there was a possibility of Barkat coming to his house. For this reason, they used to kill dogs and cats by giving poison. Maybe mother could not see my sadness. So he ordered me to take Julie away from the house. Anyway, in our neighborhood 2 or 3 dogs and 2 or 3 cats had died of poisoning and my mother feared for Julie as well. So I decided to drop Julie back on the same playground from where she followed me.

मेरी मां ने एक दिन मुझे डांटते हुए यह कहा कि तुम मना करने के बावजूद जूली के पास फिर जा रही हो और तुम उसे घर तक लेकर आ रही हो। अगर उसे यहां पर किसी ने जहर देकर मार दिया तो उसके लिए कौन जिम्मेदार होगा? मुझे डांटते और फटकारते हुए मां ने जूली से दूर रहने की चेतावनी दी। प्राय: बच्चे घर वालों की बात का विरोध भी नहीं कर पाते हैं। मां को जिस प्रकार मेरी चिंता थी, उस प्रकार जूली की भी चिंता थी। क्योंकि मां समझ चुकी थी, कि मैं और जूली जितने ज्यादा करीब आएंगे उतना ही हम दोनों का अलग होना हम दोनों के लिए कष्टदायक होगा। इसलिए हम दोनों को उस कठिन समय से पहले मां अलग कर देना चाहती थी। मां की बातों का अनुसरण करते हुए मैंने जूली को नजरअंदाज करना शुरु कर दिया और एक दिन डांटते हुए उसे प्ले ग्राउंड में ले जाकर छोड़ दिया। शायद जूली को मेरा यह व्यवहार पसंद नहीं आया। पर आश्चर्य की बात है, कि आज उसने मेरा विरोध भी नहीं किया और ना ही मुझ पर पहले की तरह प्रेम जताया। आज वह

चुपचाप बैठ गई। शायद मानो वह एक संघर्ष के बाद कोई युद्ध हार गई हो। मानो उसने विरोधी ताकतों के सामने नतमस्तक कर दिया हो।

English Translation:-

One day my mother scolded me and said that despite refusing, you are going back to Julie and you are bringing her to the house. If he was poisoned and killed by someone here, who would be responsible for that? While scolding and reprimanding me, my mother warned me to stay away from Julie. Often children are not even able to oppose the talk of the family members. The way my mother was worried about me, Julie was also worried about me. Because mother understood that the closer Julie and I get, the more painful our separation will be for both of us. That's why the mother wanted to separate us both before that difficult time. Following my mother's words, I started ignoring Julie and scolded her one day and left her in the play ground. Maybe Julie didn't like my behavior. But it is surprising that today he did not even oppose me and neither did he show love to me as before. Today she sat quietly. Perhaps as if she had lost a battle after a struggle. As if he had bowed before the opposing forces.

कुतिया की प्रतीकात्मक छवि (स्रोतः इंटर्नेट)

शायद वह अपना सब कुछ हार चुकी थी। शायद उस वक्त मैं मनोविज्ञान को समझ पाने और उसका विश्लेषण कर पाने में इतनी सक्षम नहीं थी, कि उसके मन की स्थिति को जान सकूं। इसलिए मैंने मां की बात को गुनगुनाते हुए यह निश्चय किया कि अब मुझे इसके पास नहीं जाना है और मैंने अपनी प्रैक्टिस करने के बाद घर वापस आना ही बेहतर समझा। उस दिन ना जाने क्यों मेरी डांट के पश्चात जूली मुझसे दूर बैठी रही और मेरे पास बिल्कुल भी नहीं आई। मैंने भी उसको पूर्ण रूप से इग्नोर किया। वह मेरा इंतजार कर रही थी, कि मैं जाकर उसको मनाऊं लेकिन मेरे दिमाग में बार-बार मां की चीख-पुकार घूम रही थी, कि जूली से बात मत करना और उसके पास मत जाना। एक तरफ मेरी जूली थी और दूसरी तरफ मेरी मां, उसकी ममता, प्यार और चेतावनी दी। शायद मां की ममता का सम्मान रखने के कारण मैंने जूली को इग्नोर कर दिया और मैं घर पर चली आई। मैं पहले की तरह जूली को बहुत ज्यादा याद कर रही थी। शायद पिछले कई महीनों से वह

मेरी जिंदगी का एक अभिन्न हिस्सा थी। लेकिन आज पहली बार मैंने उसको बेगाने की तरह भूलने की कोशिश की थी अथवा उसे बेगाना होने का एहसास दिलाया था। मुझे नहीं पता था, कि जूली पर इस बात का क्या प्रभाव पड़ेगा? क्योंकि मैं इस प्रकार की सभी नकारात्मक बातों से अंजान थी। मैं रात को अपने मन में कई सवालो में उलझते हुए तारों को गिनती गिनती सो गई और सुबह उठकर जब मैंने दौड़ लगाई, तब मुझे रास्ते में पहले की तरह जूली मेरा इंतजार करते हुए नजर नहीं आई। उस समय मेरे मन में कुछ सवाल जरूर उत्पन्न हुए। लेकिन मैंने सोचा कि शायद वह सो रही होगी। इसलिए दौड़ पूरी करते हुए मैं घर पर आई और कॉलेज जाते वक्त कई महीने बाद रास्ते में मुझे जूली को मेरा इंतजार करते हुए नहीं पाया। ऐसा बहुत दिनों बाद पहली बार हुआ था, कि आज जूली रास्ते में मेरा इंतजार नहीं कर रही थी। क्योंकि पहले वह हमेशा इंतजार किया करती थी। रात की तरह अभी भी मेरे मस्तिष्क में कई सवाल थे। लेकिन फिर भी मैं कॉलेज चली गई और उसके पश्चात जब मैं वहां से आई तब भी मुझे रास्ते में जूली नहीं मिली। इससे मेरी चिंताएं बढ़ने लगी और मेरे मस्तिष्क में उल्टे सीधे सवाल उठने लगे। मैं जल्दी से अपने घर पर आई। अपना बैग रखा और उसके पश्चात 2 बजे का इंतजार किए बिना मैं खेलने के लिए अपने प्ले ग्राउंड में चली गई। वहां पर जाकर देखा तो मुझे जूली वहां भी नहीं मिली। फिर मैंने अपने कुछ दोस्तों से पूछा तो उन्होंने मुझे कोई जवाब नहीं दिया। उस दिन वहां पर एक अजीब सा सन्नाटा था। अजीब सी शांति थी। अजीब सा माहौल था। मैंने जूली को आवाज लगाई कि, जूली तुम कहां हो? जल्दी आओ! मैं तुम्हारे लिए बिस्कुट लेकर आई हूं। तभी मेरे पास मेरे सबसे अच्छे दोस्तों में से एक नीशू मेरे पास आई और उसने आराम से मुझे बताया कि "तुम्हारी जूली अब इस दुनिया में नहीं है"। निशु की इस बात को सुनकर मुझे बहुत गुस्सा आया और मैंने डांटते हुए उसे कहा तुम्हारा दिमाग भी ठीक है। तुम जानती हो कि तुम क्या कह रही हो? कल इसी वक्त मैंने जूली को यहां पर बैठे हुए देखा था। लेकिन मेरे प्यार और मेरी जुदाई के दर्द को समझने के पश्चात मेरी सच्ची और अच्छी मित्र नीशू ने पास में ही एक कब्र की ओर इशारा किया और बताया कि अगर तुम्हें मेरी बात

पर विश्वास नहीं है, तो वह देखो। तुम्हारी जूली इस संसार से जा चुकी है।

English Translation:-

Maybe she had lost everything. Perhaps at that time I was not able to understand and analyze psychology enough to know its state of mind. So I decided, humming my mother's words, that I didn't have to go near it anymore and thought it better to come back home after doing my practice. Don't know why that day after my scolding, Julie sat away from me and did not come near me at all. I completely ignored him too. She was waiting for me to go and convince her, but mother's screams were swirling in my mind again and again, that do not talk to Julie and do not go near her. On one side was my Julie and on the other my mother, her affection, love and warning. Perhaps because of respect for mother's love, I ignored Julie and I went home. I was missing Julie as much as before. She was probably an integral part of my life for the past several months. But today for the first time I tried to forget him like a begana or made him feel like a begana. I didn't know, what effect this would have on Julie? Because I was unaware of all such negative things. I slept counting the stars at night, getting entangled in many questions in my mind, and when I ran in the morning, I did not see Julie waiting for me on the way as before. At that time some questions definitely arose in my mind. But I thought maybe she must be sleeping. So I came home after finishing the race and on my way to college, several months later, I couldn't find Julie waiting for me on the way. It was the first time after so many days that today Julie was not waiting for me on the way. Because earlier she always waited. As at night, I still had many questions in my mind. But still I went to college and after that when I came from there I still could not find Julie on the way. Due to this my worries started increasing and questions started popping up in my mind. I quickly came to my house. I kept my bag and after that without waiting for 2 o'clock I went to my play ground to play. When I went there and saw, I could not find Julie there either. Then I asked some of my friends, they did not give me any answer. There was a strange silence that day. There was a strange calmness. There was a strange atmosphere. I called out to Julie, where are you Julie? Come fast! I have brought biscuits for you. Just then one of my best friends Nishu came up to me and she casually told me that "your Julie is no more in this world". I got very angry after hearing this from Nishu and I scolded him and told him that your mind is also fine. do you know what you are saying? Yesterday at this time I saw Julie sitting here. But after understanding the pain of my love and my separation, my true and good friend Nishu pointed to a grave nearby and told that if you do not believe me, then look it up. Your Julie is gone from this world.

अब पूछने के लिए मेरे पास कुछ नहीं बचा था और जानने के लिए भी मेरे पास कुछ नहीं बचा था। पिछले कुछ महीने मेरे लिए एक सदी की भांति गुजर गए, जिनका मुझे एहसास भी नहीं हुआ। एक ऐसा मित्र जिसकी मानो मुझे सदियों से तलाश थी, मेरे पास आया और मुझसे दूर चला गया और शायद मुझे बिना बताए। मैं बिल्कुल भी समझ नहीं पा रही थी, कि आखिर ऐसा क्यों हुआ? क्या हम दोनों की खुशियों को किसी ने नजर लगा दी थी? या फिर ईश्वर ही ऐसा चाहते थे! मेरे किसी भी सवाल का जवाब आज मेरे पास नहीं था। मैं सिर्फ यह सोच रही थी, कि कहीं जूली की मौत की जिम्मेदार मैं तो नहीं हूं। शायद हूं! क्योंकि मैंने उसको इग्नोर किया था। लेकिन मैंने अपनी मां के आदेश का पालन करके अपने कर्तव्य को निभाया था। आखिर मैं जूली की मौत

की जिम्मेदार कैसे हो सकती हूं? लेकिन मुझे लग रहा था, कि शायद मैं ही जूली की मौत के जिम्मेदार हूं। क्योंकि आज से पहले बहुत दिनों तक उसने मेरे बिना शायद कुछ खाया भी नहीं था। लेकिन मेरे द्वारा डांटना और मेरा उसको इग्नोर करना उसे इतना बुरा लगा कि शायद दुख के कारण उसने अपने प्राण त्याग दिए। शायद मुझे ऐसा लग रहा था, कि वह इस संसार में मेरे लिए ही आई थी और मुझसे बिछड़ने का एहसास मिलने के पश्चात ही इस संसार को सदा के लिए अलविदा कह गई। अब मेरे पास कोई भी शब्द नहीं बचे थे। मैं कभी आसमान की तरफ देखती तो कभी जमीन की तरफ। कभी हवाओं के रुख को महसूस करती तो कभी पेड़ की पत्तियों को। अपने द्वारा लाए गए सभी बिस्कुट को मैंने उसकी कब्र के पास रख दिया। लेकिन आज मेरी जूली इनको खाने के लिए मौजूद नहीं थी। शायद कुछ चीटियां अथवा कुछ अन्य जीव-जंतुओं के द्वारा ये खाए जाते, लेकिन जिसके लिए ये थे, वह इस संसार को छोड़कर जा चुकी थी। मुझे कुछ भी नहीं समझ आ रहा था, कि क्या हुआ है और क्यों? बस इतना पता था, कि इस दुनिया से कुछ ऐसा जा चुका है, जो सिर्फ और सिर्फ मेरा था। हो सकता है, कि यह मेरा घमंड हो लेकिन उस वक्त मुझे ऐसा ही महसूस हो रहा था।

English Translation:-

Now I had nothing left to ask and I had nothing left to know. The last few months have passed like a century for me, which I did not even realize. A friend whom I had been looking for for ages came to me and walked away from me, perhaps without informing me. I could not understand at all, why did this happen? Has anyone noticed the happiness of both of us? Or was it God's wish! I didn't have the answer to any of my questions today. I was just wondering if I am responsible for Julie's death. Maybe I am! Because I ignored him. But I had fulfilled my duty by following my mother's orders. How can I be responsible for Julie's death? But I felt that maybe I was responsible for Julie's death. Because before today, he had probably not eaten anything without me for a long time. But he felt so bad about my scolding and my ignoring him that he probably gave up his life due to misery. Perhaps it seemed to me that she had come to this world only for me and only after getting the feeling of being separated from me, she said goodbye to this world forever. Now I had no words left. Sometimes I look at the sky and sometimes at the ground. Sometimes felt the direction of the wind and sometimes the leaves of the tree. I put all the biscuits I had brought near his grave. But today my Julie was not present to eat them. They may have been eaten by some ants or some other animal, but for whom they were, she had left this world. I had no idea what happened and why? All I knew was that something had gone from this world, which was only mine. It may be my arrogance but that's how I felt at the time.

विश्व की तमाम कहानियों में हम देखते और सुनते हैं, कि कोई भी गलत कार्य करने के पश्चात व्यक्ति पश्चाताप किया करता है। शायद यह उसके द्वारा की गई गलतियों का अंतिम परिणाम ही होता होगा। एक वक्त उसे यह एहसास होता होगा, कि वह गलत था। जिस कारण वह सोचता होगा, कि मैंने ऐसा क्यों किया था? जूली के जाने के पास पश्चात मुझे भी ऐसा ही महसूस हो रहा था, कि शायद मैंने इस दुनिया का सबसे बड़ा अपराध कर दिया है और जूली की मौत का कारण भी मैं ही हूं। क्योंकि मेरे नजर अंदाज करने के पश्चात ही जूली इस दुनिया को छोड़ कर चली गई थी। लेकिन मैं समझ नहीं पा रही थी, कि मां के आदेश का पालन करना गलत था अथवा नहीं। मेरी मां ने उसको घर से बाहर ले जाने के लिए इसलिए कहा था, क्योंकि जिस घर में हम लोग जीवन की मूलभूत आवश्यकताओं से त्रस्त थे, क्या जूली को वहां पर मूलभूत आवश्यकताओं की प्राप्ति हो सकती थी? शायद हां। हम प्रतिदिन उसकी आवश्यकताओं की पूर्ति तो नहीं कर सकते थे, लेकिन हमारे पास देने के लिए एक चीज थी, वह था निश्छल प्रेम। लेकिन प्रेम के द्वारा ही संसार में किसी जीव का जीवित रह पाना संभव नहीं है। जीवित रहने के लिए तो

भोजन और पानी की आवश्यकता पड़ती है। शायद मां यह बात जानती थी, कि हम प्रतिदिन उसका ख्याल नहीं रख पाएंगे। क्योंकि यह तो उन घरों के लिए आम बात है, जो अपने विलासिता के लिए लाखों रुपए खर्च कर सकते हो। शायद मां अपनी जगह ठीक थी और मां का आदेश मानने के कारण मैं भी ठीक थी। लेकिन यदि हम सब ठीक थे, तो फिर जूली की मौत का दोषी कौन था? यह मैं आज तक नहीं जान पाई हूं। क्या हमारी गरीबी ही जूली की मौत का कारण थी? जिस कारण हम उसका ख्याल नहीं रख पाए अथवा लोगों की वह मानसिकता जिस कारण वे जूली को मारना चाहते थे। क्या लोगों को मेरे और जूली के प्रेम से नफरत थी? क्या लोग अंधविश्वास के कारण पशुओं को मारना चाहते थे अथवा क्या जूली मुझसे इतना प्रेम करती थी, कि वह एक दिन भी मुझसे अलग रहकर दूरी सहन नहीं कर पाई। इन सभी सवालों का जवाब शायद आज मेरे पास नहीं है। हो सकता है, कि जीवन के किसी स्तर पर जाकर मैं इन सभी प्रश्नों का उत्तर पा लूं। लेकिन फिलहाल मैं निरुत्तर हूं। मैंने नि:शब्द हूं। बस मुझे एक ही बात का पता है, कि भविष्य में कभी भी किसी भी जीव जंतु के साथ मैं ऐसा नहीं करूंगी और ना किसी को ऐसा करने के लिए कहूंगी जिससे कि किसी भी जीव को दुख होता हो। जूली का जाना मेरे जीवन में एक दुखद त्रासदी का एक बहुत बड़ा सबक था। लेकिन मैं इस बात से बिल्कुल अनजान थी, कि एक और दुखद त्रासदी मेरा इंतजार कर रही है और वह था मेरी किट्टी का अंत।

English Translation:-

In all the stories of the world, we see and hear that after doing any wrong thing, a person repentes. Perhaps this would have been the end result of the mistakes he made. At some point he must have realized that he was wrong. Because of which he must be thinking, why did I do this? After Julie's departure, I felt the same way, that perhaps I have committed the biggest crime in this world and that I am also the cause of Julie's death. Because Julie had left this world only after ignoring me. But I could not understand, whether it was wrong to follow the orders of the mother or not. My mother had asked her to take her out of the house because in the house where we were plagued by the basic necessities of life, could Julie get the basic necessities there? Maybe yes. We couldn't meet His needs every day, but we did have one thing to offer, that was unconditional love. But it is not possible for any living being to survive in the world only through love. To survive, food and water are needed. Perhaps the mother knew that we would not be able to take care of her every day. Because this is common for those homes, who can spend lakhs of rupees for their luxuries. Maybe mother was right in her place and I was fine because of obeying her mother's orders. But if we were all right, then who was to blame for Julie's death? I have not been able to know this till today. Was our poverty the reason for Julie's death? Because of which we could not take care of her or the mentality of the people because of which they wanted to kill Julie. Did people hate me and Julie's love? Did people want to kill animals out of superstition or did Julie love me so much that she could not bear the distance even for a single day by being apart from me. I probably do not have the answer to all these questions today. May be, at some stage of my life, I will be able to find answers to all these questions. But for now I am unanswered. I am speechless. I know only one thing, that in future I will never do this to any animal and I will not ask anyone to do such a thing that hurts any living being. Julie's passing was a huge lesson in a tragic tragedy in my life. But I was completely unaware that another tragic tragedy awaits me and that was the end of my kitty.

9 798888 491317

Printed by Libri Plureos GmbH in Hamburg,
Germany